AF562071

Die Marienkäfer

von

Ursula Rauch

Die Neue Brehm-Bücherei

Inhaltsverzeichnis

Warum ein Buch über Marienkäfer?

Die meisten Menschen denken bei Marienkäfern an niedliche kleine rote Käfer mit schwarzen Punkten.
Der bekannteste von ihnen ist der Siebenpunkt-Marienkäfer oder kurz Siebenpunkt.
Nicht so bekannt ist, dass es sehr viele andere Arten von Marienkäfern gibt, die ganz unterschiedlich aussehen und leben.

*Schau genau hin und zähle die schwarzen Punkte. Es sind sieben –
das ist ein Siebenpunkt-Marienkäfer.*

In diesem Buch kannst du viele interessante und spannende Dinge rund um die Marienkäfer entdecken:

- Kann man anhand der Punkte wirklich das Alter des Käfers bestimmen?
- Warum betrachten Menschen die Marienkäfer als nützliche Tiere?
- Wo genau kannst du in der Natur Marienkäfer finden?

Diese und noch viele andere Fragen sollen auf den nächsten Seiten beantwortet werden. Freu dich auf eine kurzweilige Entdeckungsreise ins Land der Marienkäfer!

Kennst du die kleinen Tierchen, die der Marienkäfer gerade verspeist? Wie sie heißen und was Marienkäfer sonst noch gerne fressen, erfährst du ab *➜ Seite 38.*

Es heißt, dass du dir etwas wünschen kannst, wenn der Marienkäfer von deiner Fingerspitze aus losfliegt.

Steckbrief – Beispiel: Der Siebenpunkt-Marienkäfer

Beschreibung:

- rot-schwarzes Farbmuster
- Körper sieht aus wie eine Halbkugel
- kleiner als ein Kirschkern

Besondere Merkmale:

- rote Flügeldecken mit 7 schwarzen Punkten
- Weibchen etwas größer als Männchen

Wohnort:

- auf Blumen und Kräutern in Gärten, auf Wiesen, an Weg- und Feldrändern
- im Winter unter Laub am Boden, geschützt von Bäumen und Sträuchern

Typische Eigenschaften:

- frisst verschiedene Blattlausarten und wird deshalb von Gärtnern und Gärtnerinnen als nützliches Tier betrachtet
- beweglich, flugfreudig
- sehr bekannt als Glückssymbol – doch das ist ja eigentlich keine Eigenschaft

Gefallen dir die kräftigen Farben auch so gut?

Wie du dich in diesem Buch zurechtfindest

Im **Haupttext** stehen interessante und ausführliche Informationen über Aussehen und Lebensweise der Marienkäfer und was sie besonders gut können. Du kannst diesen Text selber lesen oder ihn dir vorlesen lassen.

Zu allen wichtigen Informationen findest du tolle **Fotos und Zeichnungen**, die dir dabei helfen, das Gelesene besser zu verstehen.

Das **Symbol „Tipp“** gibt dir Hinweise auf spannende Dinge zum Thema Marienkäfer, die du unternehmen oder die du hinten im Buch nachlesen kannst.

Wie sich Marienkäfer fortpflanzen

Der Jungkäfer schlüpft

Nach dem Schlupf ist der Käfer noch nicht fertig: Erst zwei Tage später sind die schwarzen Punkte sichtbar und die gelbe Farbe in ein Hellrot verwandelt. Nun beginnt der Käfer sehr viel zu fressen, um sich auf die Überwinterung vorzubereiten.

NBB Tipp

Nimm Zeichenpapier und Buntstifte und versuche Ei, Larve, Puppe und Marienkäfer zu zeichnen. Schreibe dazu, wie sie heißen. Weißt du noch, wann im Jahr du sie finden kannst? Schau auf → Seite 9 nach.

Nach dem Schlupf pumpt der Käfer Körperflüssigkeit in die Flügel und sein Panzer muss fest werden. Es braucht also einige Stunden, bis er losfliegen kann. Du kannst im Bild schon erkennen, wo die schwarzen Punkte sein werden – und auch die leere Puppenhülle kannst du sehen.

NBB Wissen

Sollbruchstellen in der Puppenhaut

Die Puppenhaut ist zum Schutz des Jungkäfers fest und zäh. Um ihm den Schlupf zu ermöglichen, hat sie sogenannte Sollbruchstellen. Das sind Stellen, an denen die Haut dünner ist und sich deshalb leichter öffnen lässt. Der Käfer muss beim Schlupf von innen so lange schieben und drücken, bis ein Spalt aufgeht. Innerhalb weniger Minuten kann er sich aus der Puppenhülle befreien.

37

Wenn du es ganz genau wissen willst, findest du in der Randspalte mit dem **Symbol „Wissen“** vertiefende Informationen. Diese sind manchmal nicht einfach zu verstehen. Bitte doch jemanden, diese Texte mit dir gemeinsam zu lesen und darüber zu sprechen.

Manchmal sammeln sich im Herbst viele Siebenpunkt-Marienkäfer, um ihr Winterquartier aufzusuchen.

Siebenpunkt-Marienkäfer im Lauf der Jahreszeiten

Während eines Jahres gibt es unterschiedliche Orte, an denen du Marienkäfer, ihre Eier und Larven beobachten kannst.

Herbst bis Frühling

Während der kalten Jahreszeit verstecken sich die erwachsenen Marienkäfer im Laub am Boden unter Bäumen und Sträuchern. Das ist ihr Winterquartier, dort sind sie geschützt (➜ Seite 29). Du kannst sie gut beobachten, wenn sie im Herbst ihre Winterquartiere aufsuchen oder im zeitigen Frühling verlassen.

Frühling bis Sommer

Im Frühling wandern dann die erwachsenen Marienkäfer vom Winterquartier zurück auf die Blumen und Kräuter, wo es viel Nahrung gibt. Dort erfüllen sie die wichtigste Aufgabe in ihrem einjährigen Leben: Eier legen. Aus den Eiern schlüpfen die Larven. Nach einer bestimmten Entwicklungszeit wandeln sich diese zu Puppen, woraus später dann die Jungkäfer schlüpfen (➜ Seiten 32–37).
Diese entwickeln sich im Spätsommer und Herbst zu erwachsenen Käfern. Damit schließt sich der Jahreskreis.

Juli
August
September
Oktober
November
Dezember
Januar
Februar
März
April
Mai
Juni

Wann hast du Geburtstag?
Du kannst nun nachschauen, was der Siebenpunkt-Marienkäfer in diesem Monat zu tun hat.
Gefunden?
Kennst du jemanden, der in einem anderen Monat geboren wurde?
Frag deine Familie und deine Freunde, vielleicht schafft ihr zusammen ein ganzes Marienkäferleben!

Typisch Siebenpunkt

Zeig her deine Punkte!

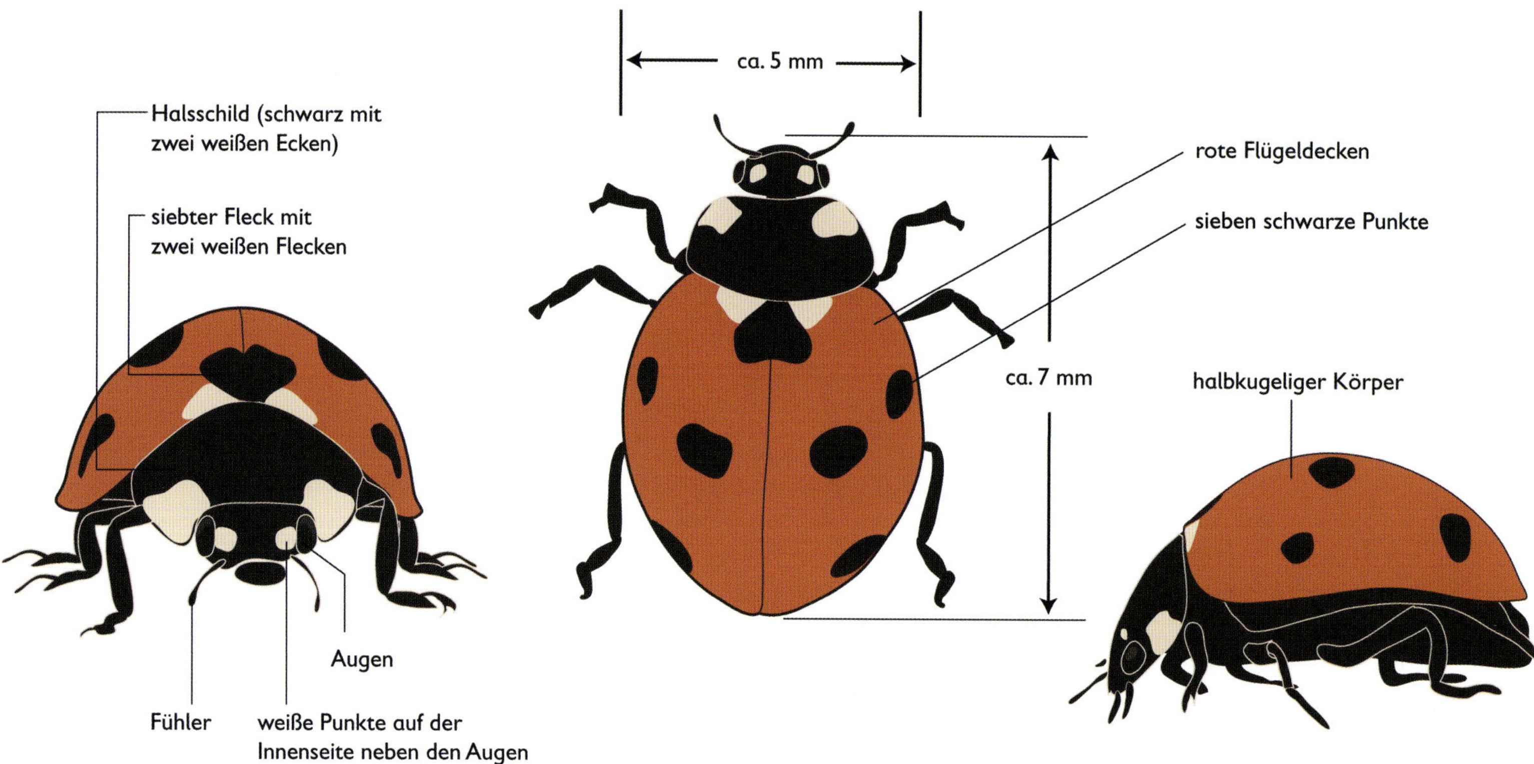

Siebenpunkt-Marienkäfer von vorn

Siebenpunkt-Marienkäfer von oben

Siebenpunkt-Marienkäfer von der Seite

Haben Marienkäfer immer sieben Punkte?

Unser Siebenpunkt-Marienkäfer hat immer genau sieben Punkte. Das ist typisch für seine Art. Was eine Tierart ist, kannst du auf ➜ Seite 18 nachlesen.

Aber er hat Verwandte, die

- weniger oder
- mehr oder
- gar keine

Punkte haben.

Es gibt sogar einen 24-Punkt-Marienkäfer!

Wieder andere Marienkäfer können verschieden viele Punkte haben, obwohl sie alle der gleichen Art angehören.

Der Siebenpunkt hat ebenfalls eine Besonderheit: Je weiter man von Europa aus nach Osten kommt, desto größer werden seine Punkte.

Wenn du also in Deutschland den Siebenpunkt punktgenau mit seiner echten Größe abzeichnest und ein russisches und ein japanisches Kind machen das auch, dann würde das Kind aus Japan die größten Punkte zeichnen und du die kleinsten. Das russische Kind hätte mittelgroße Punkte zu malen.

Das Zeichenmuster ist aber immer gleich.

Siebenpunkt-Männchen

Versuche, dir das Punktemuster des Siebenpunkt-Marienkäfers genau zu merken:
Es sind immer sieben schwarze Punkte, die du so verbinden kannst, dass dabei ein Männchen herauskommt. Probiere es gleich auf ➜ Seite 70 aus.

Wie sehen Marienkäfer aus?

Die Wissenschaftlerinnen und Wissenschaftler haben schon viel am Zweipunkt-Marienkäfer geforscht und doch gibt er noch Rätsel auf: Welche Farbe wird sich durchsetzen?
Oder hängt das vom Ort ab? Kommen zwei unterschiedliche Arten für verschiedene Gegenden dabei heraus? Was glaubst du? Wage einen Blick in die Zukunft!

Willkommen im Labor der Natur

Nun gehen wir der spannenden Frage nach, warum es bei manchen Marienkäferarten verschiedene Färbungen und Punktezahlen gibt. Das ist etwas Besonderes. Zum Beispiel beim Zweipunkt-Marienkäfer:
Er hat zwei Grundfärbungen – einmal rot mit zwei schwarzen Punkten und einmal schwarz mit vier oder sechs roten Flecken.
Vor der Überwinterung gibt es mehr schwarze als rote Käfer.
Im Frühling überwiegen aber die roten. Diese überstehen die kalten Temperaturen besser. Allerdings sind die schwarzen Marienkäfer aktiver und haben mehr Nachwuchs. Es ist also ein ständiges Probieren im Gange, mit welcher Farbe man in welcher Umgebung am besten leben kann.
Beim Zweipunkt-Marienkäfer sind wir sozusagen Augenzeuge der besten Anpassung. In 10 000 Jahren ist er vielleicht endgültig fertig. Was dabei herauskommt, werden unsere Nachfahren sehen können.
Bei anderen Marienkäferarten ist der Prozess abgeschlossen. Sie sehen alle gleich aus – so zum Beispiel der Siebenpunkt.

Kann ich an den Punkten das Alter eines Marienkäfers ablesen?
Unser Siebenpunkt wird ungefähr ein Jahr alt. Damit ist die Antwort klar: Nein, die Zahl der Punkte verrät uns sein Alter nicht!
Käfer sind ausgewachsen, wenn sie einmal geschlüpft sind. Deshalb können sie auch keine neuen Punkte mehr dazu bekommen.
Bei manchen Marienkäfern ändert sich allerdings die Farbe während der Überwinterung.
Und es gibt Marienkäferarten, die haben verschieden viele Punkte. Es ist zwar die gleiche Art, aber die Tiere sehen unterschiedlich aus – so wie es bei den Menschen verschiedene Haarfarben gibt.

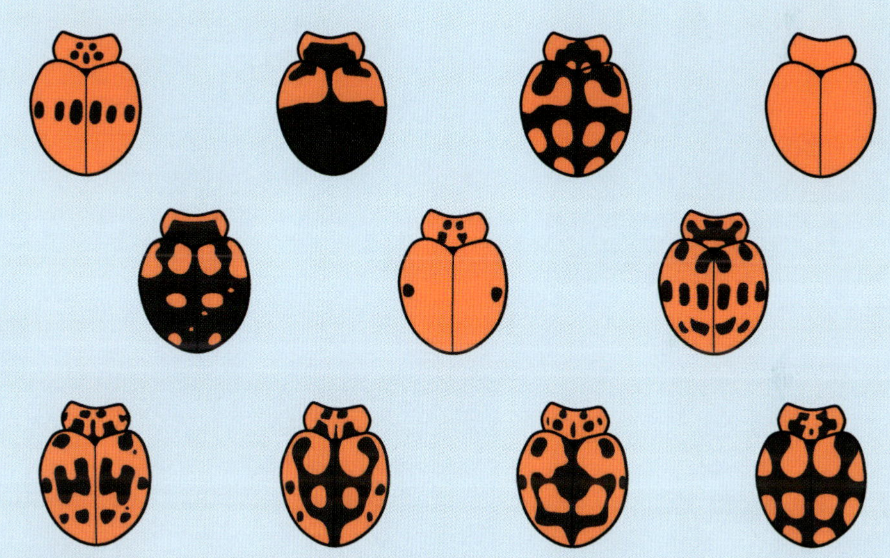

Das sind alles Tiere der gleichen Art: Zehnpunkt-Marienkäfer. Bei ihnen gibt es sehr viele verschiedene Punktemuster. Einige haben wir abgebildet: Welches Muster gefällt dir am besten?

Hügel-Marienkäfer

Vierfleckiger Schildlaus-Marienkäfer

Schachbrett-Marienkäfer

Licht-Marienkäfer

Farbenreichtum

In der Verwandtschaft der Marienkäfer gibt es ganz verschiedene Farbmuster. Farbmuster bestehen aus einer Grundfarbe und dem Muster.

Grundfarbe:	**Muster:**
• rot	schwarz
• schwarz	rot
• gelb	schwarz
• schwarz	gelb/weiß
• braun	weiß

Auch einfarbige Marienkäfer kannst du finden:

- schwarz,
- braun oder
- rot.

Schwarzer Kiefern-Zwergmarienkäfer

Fichten-Zwergmarienkäfer

Roter Schilf-Marienkäfer

Trockenrasen-Marienkäfer

16-fleckiger Pilz-Marienkäfer

Heidekraut-Marienkäfer

Was ist Mimikry?
Wenn ein ungefährliches Tier das Aussehen eines gefährlichen nachahmt, nennt man das Mimikry.
Dazu ein Beispiel aus der Insektenwelt:
Wespen können zu ihrer Verteidigung und bei der Jagd auf andere Insekten giftig stechen.
Das haben viele Tiere gelernt und verbinden die Gefährlichkeit mit der Färbung. Einige harmlose Schwebfliegenarten nutzen den Respekt als Schutz, indem sie auch gelb-schwarz gestreift sind und dadurch für gefährlich gehalten werden.

Geschützt durch kräftige Farbe oder unsichtbar durch Tarnung?

Welche Farbe ein Tier hat, sagt viel über seine Lebensweise aus.
Es gibt Tiere, die auffällig gefärbt sind, zum Beispiel die Wespen und die Marienkäfer.
Dadurch teilen sie mit, dass sie gefährlich oder giftig sind.
Für die Feinde ist der Stich von Wespen unangenehm und der Käfer schmeckt bitter. Doch das führt nicht zum Tod.
So kann der Feind lernen und lässt das nächste Mal Tiere mit Warnfarben lieber in Ruhe.

Marienkäfer geben bei Gefahr eine gelbliche Flüssigkeit aus den Beingelenken ab. Die riecht und schmeckt unangenehm.
Man hat herausgefunden, dass Marienkäfer mit kräftigen Farben besonders viel Gift enthalten.

Zweipunkt-Marienkäfer enthalten besonders viel Gift. Die Abwehrflüssigkeit der Marienkäfer ist für Menschen aber nicht giftig.

Vögel, die Farben sehr gut sehen können, merken sich das. Sie meiden diese farbenkräftigen Käfer, die dadurch besser geschützt sind.
Allerdings gibt es auch Vögel, die gerade die giftigen Marienkäfer gerne fressen und gut vertragen.
Vielleicht versteckt sich hier eine Forschungsaufgabe, um herauszufinden, warum das so ist.

Auf dieser Seite sind Tiere abgebildet, die getarnt sind: Sie sehen aus wie ihre Umgebung. Denn sie wollen nicht gesehen werden, weil sie selbst jagen oder gejagt werden.
Erkennst du sie und weißt du etwas über ihre Lebensweise?
Die Lösung findest du auf → Seite 70.

Mit wem sind Marienkäfer verwandt?

Was ist eine Tierart?
Alle Tiere werden nach ihrem Körperbau in verschiedene Gruppen mit ähnlichen Merkmalen eingeteilt.
Die Tierart ist dabei die kleinste Einheit: Alle sind gleich gebaut und können nur miteinander fruchtbare Junge bekommen. Fruchtbar heißt, dass sie in der Lage sind, ebenfalls Nachkommen auf die Welt zu bringen.
Eisbär und Braunbär sind Beispiele für verschiedene Tierarten. Zwar ist es möglich, dass sie miteinander Junge zeugen. Doch da endet die Geschichte: Diese können keinen Nachwuchs mehr hervorbringen.

Teil einer riesigen Klasse

Ganz allgemein gesagt, gehören die Marienkäfer zur Klasse der Insekten. Davon gibt es 1 Million verschiedene Arten auf der Welt. Unvorstellbar! Das ist so, als wenn jeder einzelne Einwohner von Köln eine eigene Insektenart wäre.
Und wahrscheinlich gibt es auf der Welt noch einmal so viele unentdeckte Arten. Bis auf die Ozeane haben die Insekten alle Lebensräume erobert.
Es gibt also viel zu tun für junge angehende Forscherinnen und Forscher, wie ihr vielleicht mal werden könntet.

Für Insekten ist ganz typisch, dass sie sechs Beine haben.
Ihr Körper besteht aus drei Abschnitten:
Kopf, Brust und Hinterleib.
Beine und Flügel befinden sich an der Brust, die zwischen Kopf und Hinterleib liegt.
Die meisten Insekten haben zwei Paar Flügel.
Damit man sich in der riesigen Menge zurechtfindet, teilt man sie in Insektenordnungen ein.
Unser Siebenpunkt-Marienkäfer gehört zur Ordnung der Käfer.
Das ist die größte Gruppe von allen: Jede dritte Insektenart ist ein Käfer!

Alle abgebildeten Tiere zählen zu den Insekten. Findest du diejenigen, die zu den Käfern gehören? Wie heißen sie? Kannst du auch die anderen richtig zuordnen? Die Lösung findest du auf ➜ Seite 70.

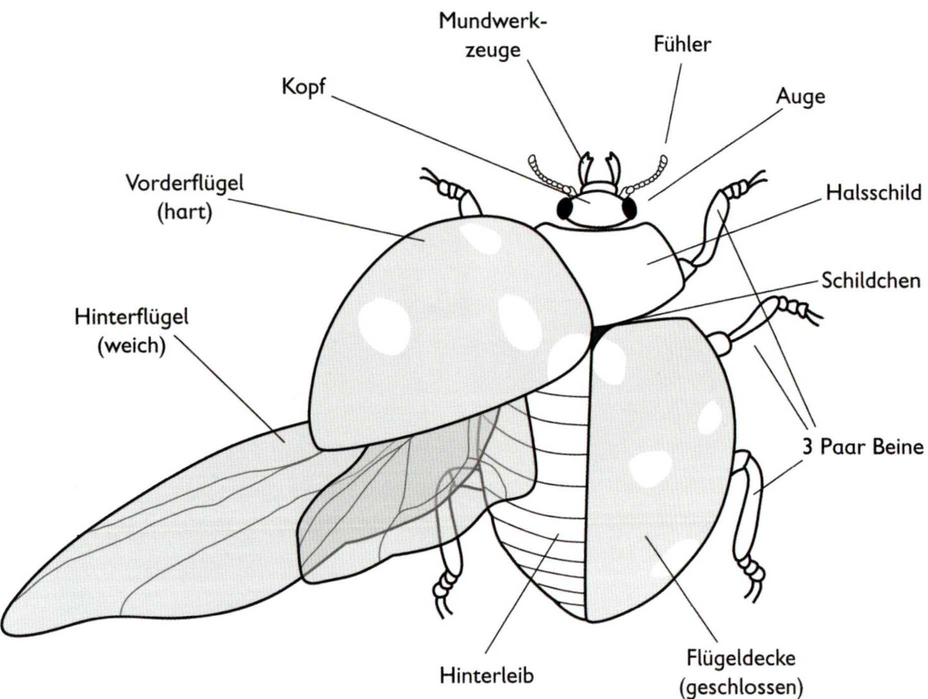

Wenn du einen Marienkäfer auf deiner Hand hast, halte deine Finger nach oben. Er wird hinaufkrabbeln und nun kannst du beobachten, wie er losfliegt: Zuerst klappt er die harten roten Vorderflügel auf. Darunter kommen die weichen, durchsichtigen Hinterflügel zum Vorschein. Diese entfaltet er und startet schließlich seinen Flug.

Woran kann man Käfer erkennen?

Wie alle Insekten haben Käfer sechs Beine und einen Körper mit drei Abschnitten.
Damit sie sich bewegen können, haben sie gut funktionierende Gelenke zwischen den einzelnen Körperteilen.
Bei Käfern ist der Körper von einem harten Panzer geschützt, wie durch eine Rüstung.
Sogar die Vorderflügel sind hart und Teil des Panzers geworden.
Darunter verstecken sich die weichen Hinterflügel, die sie ausbreiten, wenn sie losfliegen.

Käfer haben einen Spezialmund. Der besteht meistens aus

- 1 Oberlippe,
- 2 Oberkiefern,
- 1 Zunge,
- 2 Unterkiefern und
- 1 Unterlippe.

Zusammen bezeichnet man das als beißend-kauende Mundwerkzeuge. Ihre Form und Größe passen genau zu der Nahrung, die Käfer fressen (➜ Seite 43).

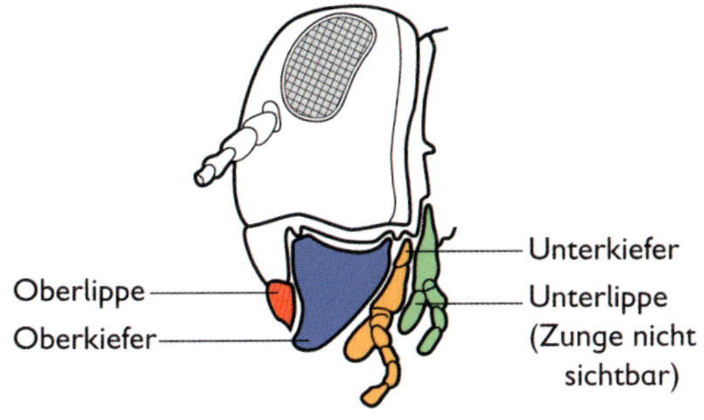

Hirschkäfermännchen haben auffällige Oberkiefer. Doch zum Fressen können sie nicht mehr verwendet werden. Wofür sonst? Richtig: Sie kämpfen damit.

Hast du schon mal einem Maikäfer beim Fressen zugesehen? Er ist Vegetarier, er frisst nur Blätter.

Dungkäfer sehen prächtig aus, doch du solltest sie wegen der Bakterien nicht in die Hand nehmen. Sie fressen nämlich den Kot von Tieren.

Junge Forscherinnen und Forscher gesucht!

Bist du neugierig und wissensdurstig? Ja? Dann nimm eine Lupe und geh auf die Suche! Auf Blüten oder unter Blättern findet man pflanzenfressende Käfer. Schau ihnen genau beim Fressen zu! Wenn du Glück hast, gelingt dir auch ein schönes Foto. Findest du vielleicht sogar einen großen Laufkäfer, der eine Schnecke erlegt hat?

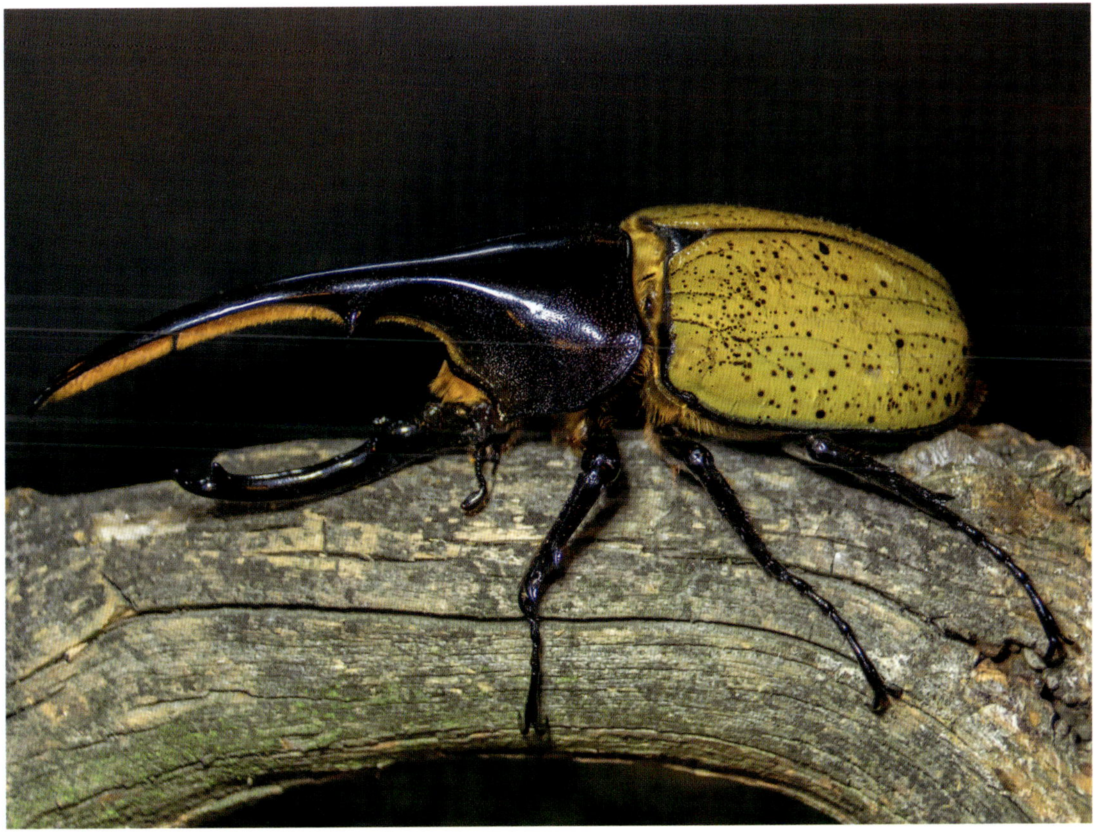

Der Herkuleskäfer ist so lang wie diese Buchseite hoch ist.
Er gehört zu den größten Käfern der Welt.

Wunder der Natur
Der Federflügler ist der kleinste Käfer der Welt – nur so lang, wie eine Nähnadel breit ist:

Doch er ist – wie alle Käfer – aus vielen kleinen tausend Bausteinen – den Zellen – zusammengesetzt und hat Organe.
Das Pantoffeltierchen ist gleich groß. Doch es besteht nur aus einer einzigen Zelle!

Blick ins Familienalbum

Siebenpunkt-Marienkäfer
Der Siebenpunkt hat eine sehr große Verwandtschaft:
Auf der ganzen Welt gibt es 6 000 verschiedene Arten Marienkäfer.
Hättest du das gedacht?
Du weißt, was eine Art ist (➔ Seite 18).
Jede von ihnen sieht anders aus und lebt unterschiedlich.
Hier zeigen wir dir fünf besonders interessante von den vielen Arten.

Ameisen-Siebenpunkt
Der Ameisen-Siebenpunkt sieht dem Siebenpunkt-Marienkäfer zum Verwechseln ähnlich.
Unterschiede kannst du nur auf der Unterseite des Käfers finden.
Man kann den Ameisen-Siebenpunkt in der Nähe von Ameisenhaufen der Roten Waldameise finden.
Er frisst Blattläuse.

Schöner Marienkäfer
Der Schöne Marienkäfer ist selten und lebt in Feuchtgebieten.
Bei ihm ist die Färbung interessant:
Im Juni/Juli schlüpfen die jungen Käfer, die zuerst ockergelb mit cremefarbenen Flecken sind.
Nach der Überwinterung ist der Käfer schwarz mit weißen oder gelben Flecken.
Wann wurde dieser Käfer fotografiert?

Tannen-Zwergmarienkäfer
Hier haben wir es mit einem Spezialisten zu tun: Der Tannen-Zwergmarienkäfer lebt – wie sein Name sagt – auf Tannen. Man findet ihn also nur in Gebieten, wo diese Bäume auch wachsen. Seine Nahrung ist die Tannenstammlaus. Spezialist zu sein hat Vorteile und Nachteile: Niemand nimmt die Spezialnahrung weg, aber man kann nur an Orten wohnen, wo es diese auch gibt.

Gemeiner Pilzmarienkäfer
Der Gemeine Pilzmarienkäfer frisst keine Blattläuse, sondern Mehltau. Das sind Pilze, die auf Blättern einen weißen Belag bilden und die Pflanze schwächen (➜ Seite 45). Er heißt „gemein", ist es aber nicht! In der Biologie verwendet man diese Bezeichnung, wenn ein Tier häufig und überall anzutreffen ist.

Luzerne-Marienkäfer
Der Luzerne-Marienkäfer frisst bestimmte Pflanzen, aber keine Blattläuse, wie viele andere seiner Verwandten. Er mag besonders die Luzerne. Der Mensch baut diese Pflanze als eiweißhaltiges Futter für Kühe an. Wenn der Luzerne-Marienkäfer massenhaft auftritt und die Pflanze frisst, kann ihn das zum Schädling machen.

Wo leben Marienkäfer auf der Welt?

Marienkäfer gibt es rund um die Erde

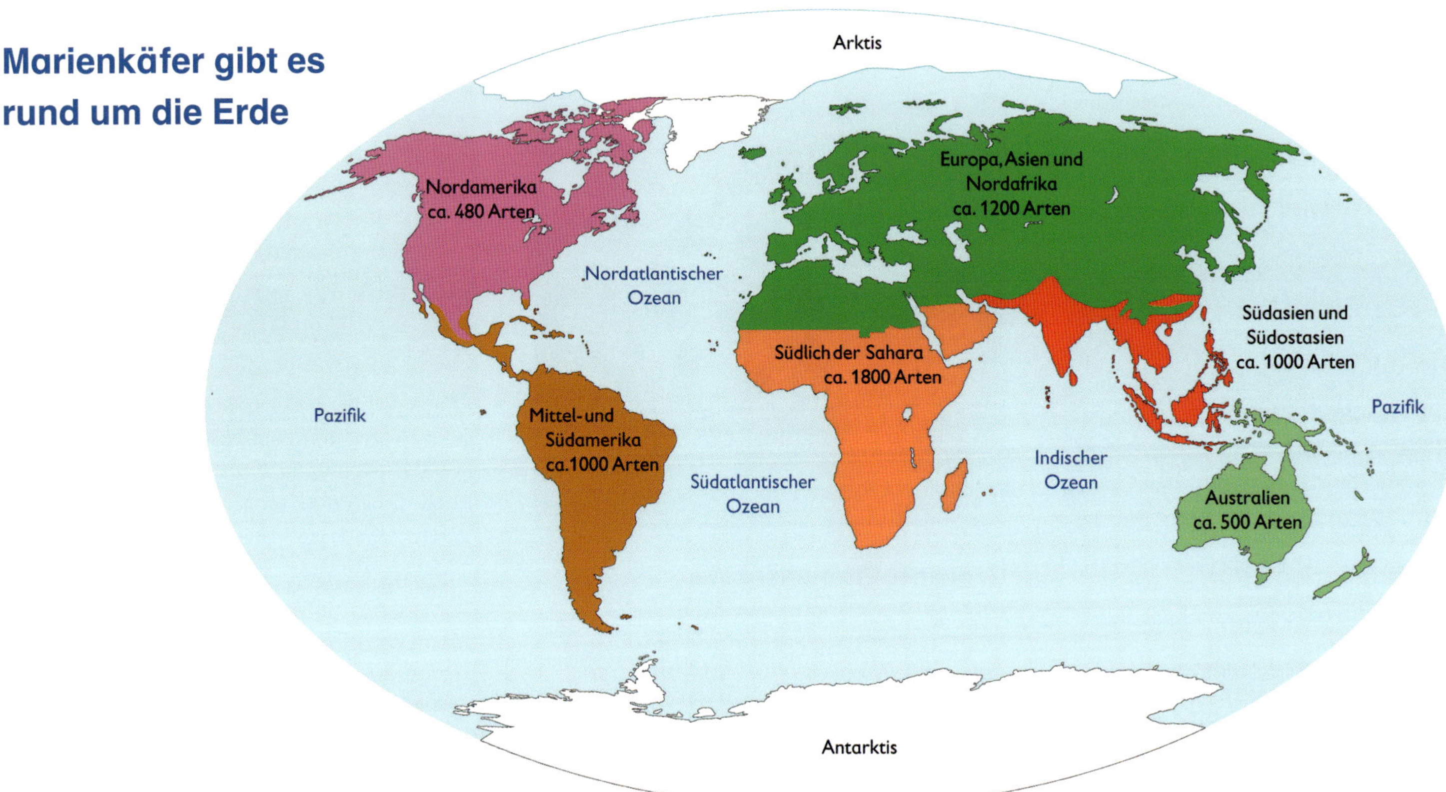

Marienkäfer gibt es auf der ganzen Welt,
nur nicht in den Ozeanen, in der Arktis und der Antarktis und auch nicht auf den Gipfeln der Hochgebirge.
Marienkäfer fühlen sich in der Wärme am wohlsten, deshalb gibt es die meisten Arten in den Tropen und in den Subtropen.
Die eingetragenen Zahlen zeigen, wie viele Marienkäferarten dort bereits gefunden wurden.

Mitgebracht in die Fremde

Den Siebenpunkt-Marienkäfer konnte man ursprünglich nur in Europa und Asien finden. Doch weil er ein Blattlausvertilger ist, wurde er vor knapp 50 Jahren im Osten Nordamerikas eingeführt. Dort sollte er jene Insekten vertilgen, die die Pflanzen schädigen. Seitdem hat er sich von da aus über den Kontinent verbreitet. Vor wenigen Jahren hat er es auf seinem Weg in den Westen geschafft, die Rocky Mountains zu überwinden.

Man hat ihn sogar auf einer Höhe von 3 500 m gefunden!

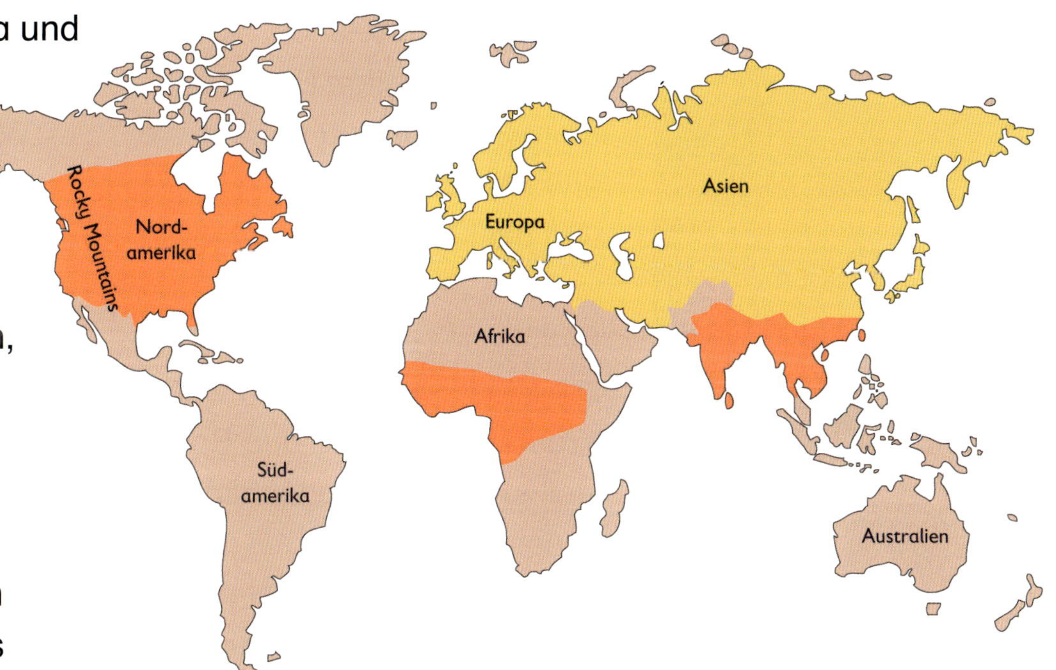

Die ursprüngliche Verbreitung des Siebenpunkt-Marienkäfers ist gelb markiert, die neu besiedelten Gebiete orange.

*Was glaubst du:
Fühlt sich hier unser Siebenpunkt-Marienkäfer wohl?*

Wo fühlen sich Siebenpunkt-Marienkäfer wohl?

Für jede Tierart ist die Nahrung der erste wichtige Punkt.
Beim Siebenpunkt fressen die erwachsenen Tiere (die Käfer) und die Kinder (die Larven, ➜ Seite 34) das Gleiche: Blattläuse (➜ Seiten 40–41).
Die Blattläuse leben an Blumen, Kräutern, Büschen und Bäumen, weil sie deren Pflanzensaft saugen.
Der zweite wichtige Punkt ist die Überwinterung: Die Käfer brauchen Hohlräume unter Laub, Rinde oder Holz. Dort sind sie vor Kälte geschützt.
Und der dritte Punkt sind die Feinde: Versteckmöglichkeiten in einer abwechslungsreichen Umgebung helfen zu überleben.
Wenn wir die drei wichtigen Ansprüche des Siebenpunkt-Marienkäfers zusammenfassen, sehen wir: Lebensräume mit vielen Blumen, Kräutern, Büschen und Bäumen sind am besten. Diese findet er in naturnahen Gärten, in nicht zu sehr gepflegten Parks oder an natürlichen Waldrändern.
Es gibt auch Marienkäferarten, die andere Nahrung brauchen. Schau dir dazu die Beispiele auf ➜ Seite 25 an.

Wenn du einen Siebenpunkt-Marienkäfer, seine Eier oder Larven suchen möchtest, weißt du also jetzt schon, in welchem Lebensraum du schauen musst. Doch auch der Zeitpunkt muss der richtige sein: Während der Überwinterung kann man nur erwachsene Tiere gut geschützt im Laub unter Bäumen und Büschen finden. Manchmal suchen sie sogar in Häusern Schutz vor der Kälte.
Erst im Frühling finden sich die Käfer auf den Blumen und Kräutern mit Blattläusen ein. Dort stärken sie sich nach dem langen Winter.

Die Eier der Marienkäfer findet man unter den Blättern von Pflanzen mit vielen Blattläusen. Später sind die Larven und die frisch geschlüpften neuen Käfer auch an diesen Pflanzen zu finden.

Such dir einen Garten, Park oder Waldrand.
Kannst du Stockwerke erkennen?
Wer ist darin zu finden?

Die Stockwerke des Waldes
Wenn du dir den Wald wie ein Haus mit Stockwerken vorstellst, beginnt er im Keller mit der Bodenschicht. Dort sind die Wurzeln drin.
Es folgt im Erdgeschoss die Moos- und Streuschicht.
Die Krautschicht ist der erste Stock. Da wachsen Gräser, Kräuter und Blumen.
Es folgen die Strauchschicht, die Stamm- und Baumschicht und ganz oben im Dachgeschoss die Kronenschicht.
In den einzelnen Stockwerken wohnen jeweils andere Tiere.

Lebensraum des Siebenpunkts

Die Siebenpunkt-Marienkäfer findest du im Frühling auf der Wiese. Wo sind sie im Winter?

Wie sich Marienkäfer fortpflanzen

Siebenpunkt-Marienkäfer bei der Paarung.

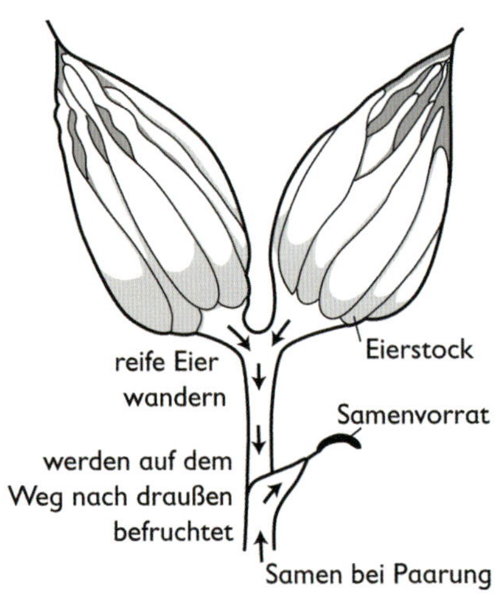

Am Anfang war das Ei

Nach der Überwinterung, wenn sich die Marienkäfer mit Blattläusen gestärkt haben, suchen sich die männlichen Käfer ein Weibchen.

Dann paaren sich die beiden. Dabei bekommt das Weibchen einen Samenvorrat. Damit dieser für alle Eier zum Befruchten reicht, kann sich das Weibchen mit mehreren Männchen paaren. In seinem ganzen Leben legt ein Weibchen etwa 800 Eier.

Eine so große Anzahl Eier zu legen erfordert viel Kraft. Das Marienkäfer-Weibchen legt die Eier deshalb als Pakete ab. Dazu werden immer mehrere Eier gleichzeitig im Körper reif. Das Weibchen befestigt sie in Paketen von 20–40 Stück meist an der Unterseite von Blättern, aber manchmal auch an der Oberseite.

Fürsorglich werden die Eipakete nahe bei Blattlauskolonien abgelegt, damit die frisch geschlüpften Larven gleich etwas zum Fressen finden.

Die Aufteilung der Eier in Pakete stellt auch sicher, dass

- die Nahrung für die Larven ausreicht und
- Feinde nicht allen Nachwuchs auf einmal erwischen können.

Es dauert 5–10 Tage, bis aus den Eiern die kleinen Larven schlüpfen. Die Zeitdauer hängt davon ab, wie warm es ist und wie viel Feuchtigkeit die Luft hat. Bei höheren Temperaturen und feuchter Luft geht es schneller. Kurz bevor die Larven schlüpfen, kann man sie sogar schon durch die Eihaut sehen. Auf dem Foto ist es noch nicht soweit.
Und hast du es bemerkt? Es schlüpfen kleine Larven, nicht Minikäferchen, die dann größer werden! Das wird vollständige Verwandlung genannt. Das heißt, die Kinder sehen ganz anders als die Eltern aus.

Hättest du gedacht, dass die Eier des Siebenpunkt-Marienkäfers gelb sind? Marienkäfereier sind sehr klein. Wenn man fünf hintereinander legt, sind sie genauso lang wie ein erwachsener Siebenpunkt.

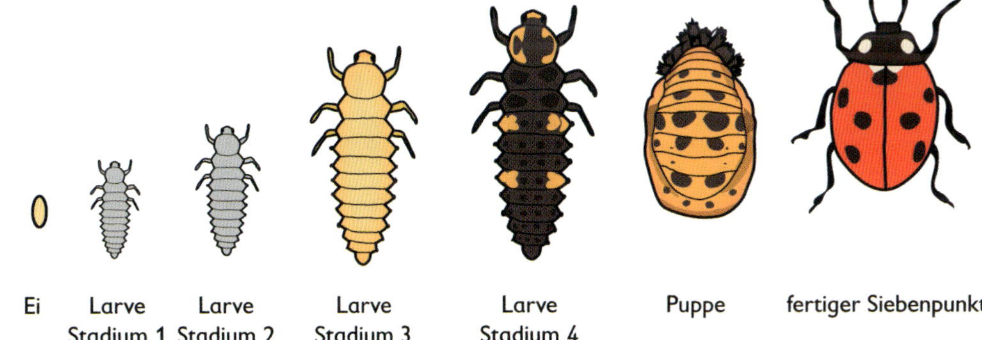

Die Larve des Siebenpunkt-Marienkäfers ist blaugrau mit hohen Borsten. An der Seite und vorne trägt sie orange Punkte.
Bei der ersten Häutung verliert die Larve ihre Eizähne. Sie benötigt sie ja nun nicht mehr. Diese Larve ist schon im Stadium 4 (→ Seite 33).

Eine Larve schlüpft

Im Inneren des Eies hat sich eine Larve entwickelt, die das Ei nun verlassen will. Damit die Larve die feste Eihaut öffnen kann, hat sie auf dem Rücken und auf dem Kopf sogenannte Eizähne, die ihr beim Schlüpfen helfen.
Wenn sie das geschafft hat, beginnt sie zu fressen und sich zu entwickeln. Sie wächst heran und wird immer größer.
Doch die Haut ist starr und kann sich nicht ausdehnen. Deshalb streift die Larve die zu eng gewordene Haut ab. Das Ganze geschieht drei Mal.

Unbändiger Hunger

Jede Larve verspeist – bis sie zur Puppe wird – insgesamt 400 Blattläuse! Eine unglaubliche Menge. Die meisten davon frisst sie nach der dritten Häutung, also im Stadium 4 (➜ Seite 33). Im Schnitt braucht die Larve des Siebenpunkt-Marienkäfers 14 Tage vom Schlupf aus dem Ei bis zur Verpuppung. Auch hier gilt: Je wärmer es ist und je mehr Blattläuse es gibt, desto schneller entwickelt sich die Larve.

Hättest du gedacht, dass Marienkäferlarven so großen Appetit haben?

Diese Larve ist fertig entwickelt. Man nennt sie nun Vorpuppe.

Von außen betrachtet, wirkt die Puppe leblos: Sie frisst nicht und bewegt sich nicht. Doch in ihrem Inneren laufen die Umbauarbeiten auf Hochtouren.

Die Verpuppung

Wenn die Larve fertig entwickelt ist, hört sie auf zu fressen. Sie beginnt mit der Vorbereitung auf die Verpuppung:
Zuerst heftet sie sich mit dem Ende ihres Hinterleibes an einer Unterlage fest. So bleibt sie mehrere Stunden bis zwei Tage gekrümmt hängen und bewegt sich fast nicht mehr.
Nun folgt die Verpuppung:
Beine und Fühler werden mit dem Körper fest verklebt und die Larvenhaut schiebt sich am Körperende zusammen. Nach 10–14 Tagen Umbauarbeit in der Puppe schlüpft der Jungkäfer.

Der Jungkäfer schlüpft

Nach dem Schlupf ist der Käfer noch nicht fertig: Erst zwei Tage später sind die schwarzen Punkte sichtbar und die gelbe Farbe in ein Hellrot verwandelt. Nun beginnt der Käfer sehr viel zu fressen, um sich auf die Überwinterung vorzubereiten.

Nimm Zeichenpapier und Buntstifte und versuche Ei, Larve, Puppe und Marienkäfer zu zeichnen. Schreibe dazu, wie sie heißen. Weißt du noch, wann im Jahr du sie finden kannst? Schau auf ➜ Seite 9 nach.

Nach dem Schlupf pumpt der Käfer Körperflüssigkeit in die Flügel und sein Panzer muss fest werden. Es braucht also einige Stunden, bis er losfliegen kann. Du kannst im Bild schon erkennen, wo die schwarzen Punkte sein werden – und auch die leere Puppenhülle kannst du sehen.

Sollbruchstellen in der Puppenhaut

Die Puppenhaut ist zum Schutz des Jungkäfers fest und zäh. Um ihm den Schlupf zu ermöglichen, hat sie sogenannte Sollbruchstellen.
Das sind Stellen, an denen die Haut dünner ist und sich deshalb leichter öffnen lässt.
Der Käfer muss beim Schlupf von innen so lange schieben und drücken, bis ein Spalt aufgeht. Innerhalb weniger Minuten kann er sich aus der Puppenhülle befreien.

Was Marienkäfer fressen

Das sind Blattläuse. Sie werden von den Käfern und deren Larven verspeist.
Kleine Larven können natürlich noch nicht so große Beutetiere fressen wie die Käfer.

Blattläuse und sonstige Nahrung

Siebenpunkt-Marienkäfer leben vor allem in der Krautschicht (➜ Seite 29). Dort finden sie genau die Blattlaus-Arten, die ihre hauptsächliche Nahrung bilden.

Bisher sind mindestens zehn geeignete Blattlaus-Arten bekannt, die die Larven für ihre Entwicklung und die Käfer für ihre Fortpflanzung unbedingt benötigen.

Was das heißt?

Ohne diese bestimmten Blatt-läuse könnten

- die Käfer-Männchen keine Eier befruchten,
- die Käfer-Weibchen keine Eier legen,
- die Larven nicht schlüpfen und heranwachsen.

Diese so wichtigen Blattläuse (➜ Seiten 40–41) gibt es aber nicht die ganze Zeit im Jahr.

Der Siebenpunkt-Marienkäfer hat sich in seiner Lebensweise genau darauf eingestellt, wann im Jahr er welche Beute findet (→ Seite 8).
Was frisst er also, wenn es nicht die richtigen Blattläuse gibt? Vor allem im zeitigen Frühjahr, wenn es nicht ausreichend Insekten-Nahrung gibt, können die erwachsenen Käfer auch Pollen von Blütenpflanzen fressen. Larven könnten damit jedoch nicht heranwachsen! Ansonsten stehen auch andere kleine Insekten und ihre Larven auf der Speisekarte des Siebenpunkts.

Pollen ist ein anderes Wort für Blütenstaub.
Du kannst hier den Marienkäfer beim Fressen sehen.

Hier kannst du rote und grüne Blattläuse sehen. Welche Farbe haben die Blattläuse auf den → *Seiten 5, 35, 38, 41 und 49?*

Gestatten: Blattlaus – Leibspeise der Marienkäfer

Verwandtschaft: Ich gehöre zu den Insekten, genauer gesagt zu den Pflanzenläusen. Allein in Mitteleuropa gibt es mehr als 800 Arten von mir.

Aussehen: Ich bin nur 1–7 mm groß. Du findest mich je nach Art in unterschiedlichen Farben: schwarz, grünlich, gelb und sogar rot!

Lieblingsnahrung: Ich trinke am liebsten süßen Pflanzensaft. Dazu steche ich mit dem Rüssel in den Stängel der Pflanze. Ich trinke wirklich viel: täglich die Menge, die ich wiege. Eigentlich habe ich es vor allem auf das Eiweiß im Pflanzensaft abgesehen. Leider ist in dem Saft nur wenig Eiweiß. Deshalb scheide ich große Mengen an Flüssigkeit wieder aus. Diese Flüssigkeit enthält viel Zucker – man nennt sie Honigtau. Andere Insekten, zum Beispiel Ameisen und Bienen, sammeln diesen nahrhaften Honigtau.

Beziehung zu den Menschen: Den Pflanzen wird durch meine Nahrungsaufnahme Kraft entzogen. Sie werden leichter krank oder von Pilzen befallen. Die Menschen nennen mich deshalb Pflanzenschädling.

Das Blattlausjahr

Frühling bis Spätsommer

Wenn der Frühling beginnt, schlüpfen kleine Blattlauslarven aus Eiern. Sie brauchen ein bis zwei Wochen, um erwachsen zu werden. Es gibt in dieser Zeit ausschließlich weibliche Blattläuse. Sie können bis zu fünf lebende Junge am Tag auf die Welt bringen, ohne dass sie befruchtet werden.

Blattläuse leben nur wenige Wochen und haben viele Feinde. Manche von den Blattläusen entwickeln Flügel (➜ Seite 50).

Wie ein kleines Wimmelbild: Kannst du die Blattläuse erkennen? Achte auf die Augen!

Spätsommer

Jetzt kommen Männchen und Weibchen zur Welt. Sie paaren sich und jedes Weibchen legt genau ein einziges Ei. Dieses versteckt es auf der Rinde von Sträuchern oder Bäumen. Die erwachsenen Blattläuse sterben nun.

Herbst bis Frühling

Die Blattlauseier überstehen die kalten Temperaturen gut.

Wo finde ich Blattläuse?

Winter: Du findest auf Bäumen und Sträuchern Blattlauseier. Doch Achtung, sie sind gut in Rindenspalten versteckt.

Frühling: Weibliche Blattläuse schlüpfen. Diese suchen sich krautige Pflanzen, um Pflanzensaft zu saugen.

Frühling bis **Herbst:** In dieser Zeit findest du Blattläuse an Blumen und Kräutern.

Spätsommer: Nun gibt es dort auch männliche Blattläuse.

Herbst: Weibliche Blattläuse legen ihr einziges Ei an einen Baum oder einen Strauch.

In Mitteleuropa leben 98 Arten von Marienkäfern. Sie nutzen verschiedene Nahrungsquellen.

Weit über die Hälfte fressen Blattläuse. Andere mögen

- Schildläuse,
- Spinnmilben,
- Blattflöhe und
- Mottenschildläuse.

Diese fleischfressenden Tiere machen zusammen über drei Viertel der Arten aus.

Übrig bleiben zu gleichen Teilen

- Pflanzenfresser und
- Käfer, die sich von Mehltaupilzen ernähren.

Hauptnahrungsgruppen bei den Marienkäfer-Arten in Mitteleuropa

Nicht alle Marienkäfer fressen Blattläuse

Fleischfressende Marienkäfer

Der größte Teil der heimischen Marienkäfer-Arten ernährt sich von Insekten, die Pflanzensaft saugen, oder von Milben.
Erwachsene Marienkäfer können 100–150 Beutetiere pro Tag verzehren. Sie besitzen dafür besonders geeignete Mundwerkzeuge: die Beißmandibeln.
Bei den auf Schildläuse und Spinnmilben spezialisierten Arten haben die Beißmandibeln eine Spitze.
Die bei den Blattlaus-Vertilgern haben zwei Spitzen.

Marienkäfer mit speziellem Essbesteck
Wie alle Käfer, kauen auch Marienkäfer ihre Nahrung zwischen den Lippen mit zwei Kieferpaaren. Den genauen Aufbau findest du auf Seite ➔ 21.
Die Oberkiefer, auch Mandibeln genannt, dienen zum Greifen, Zermalmen, Ziehen oder Zerteilen der Nahrung. Je nach Beute sind sie unterschiedlich geformt.

Fleischfresser (Seite ➔ 42):

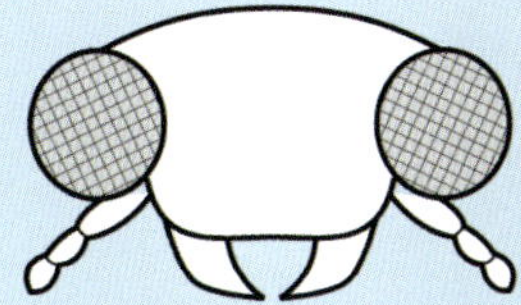

einspitzige Mandibeln

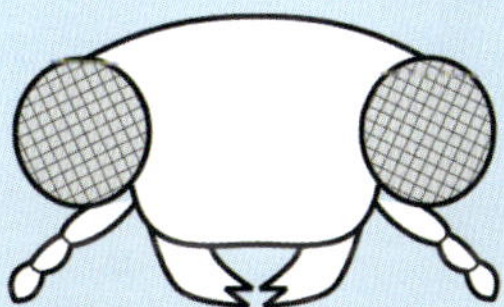

zweispitzige Mandibeln

Pflanzenfresser (Seite ➔ 44):

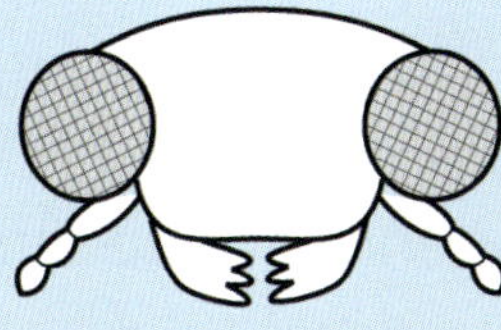

mehrere Kauspitzen

Mehltaufresser (Seite ➔ 45):

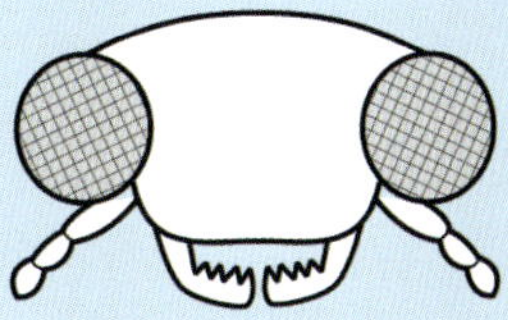

kammartige Zahnreihen

Beutetiere der Marienkäfer
Wer ist wer? Die Lösung findest du auf ➔ Seite 70.

Zaunrüben-Marienkäfer

Gras-Marienkäfer

Pflanzenfressende Marienkäfer

Die beißend-kauenden Mundwerkzeuge der Marienkäfer (➔ Seite 21) haben bei den Pflanzenfressern mehrere Kauspitzen. Damit können sie Pflanzengewebe abschaben. Es entstehen typische Fraßbilder. Ihr Darm ist länger als bei den Marienkäfern, die Blattläuse fressen. Das hilft, das schwerer zu verdauende Pflanzenmaterial zu verarbeiten.

In Mitteleuropa leben nur drei pflanzenfressende Marienkäferarten: der Zaunrüben-, der Gras- und der Luzerne-Marienkäfer (➔ Seite 25).

Mehltaufressende Marienkäfer

Mehltau ist eine Pflanzenkrankheit, die durch Pilze verursacht wird: Die Oberflächen der Blätter bekommen einen weißen Belag, das nennt man einen Pilzrasen. Wenn sich die Pilze vermehren, bilden sie Sporen. Diese sitzen auf Sporenträgern. Das sieht wie ein winziger Wald aus, dessen Bäume statt Blättern Sporen tragen.

Beides bildet die Nahrung von speziellen Marienkäferarten. Um diesen Rasen und auch dessen Sporenträger richtig abweiden zu können, haben die Käfer an den Mundwerkzeugen kammartige Zahnreihen als Spezialvorrichtung.

So sieht Mehltau auf Blättern aus.

Der Zwölffleckige Pilz-Marienkäfer frisst Mehltau. Andere mehltaufressende Marienkäfer sind

- *der 16-fleckige Pilz-Marienkäfer, den findest du auf ➔ Seite 15,*
- *der Gemeinen Pilz-Marienkäfer, den findest du auf ➔ Seite 25.*

Besonderheiten im Marienkäferleben

Ist das nicht unglaublich faszinierend? Wie viele Käfer kannst du zählen? Übrigens: Auch die Siebenpunkt-Marienkäfer überwintern gern in Gemeinschaften wie der Asiatische Marienkäfer auf dem Foto.

Marienkäfertreffen im Herbst

Es kann vorkommen, dass an einem sonnigen Herbsttag Marienkäfer an die Hauswand fliegen und es immer mehr werden. Häufig handelt es sich um den bei uns eingewanderten Asiatischen Marienkäfer.

Der überwintert in seiner eigentlichen Heimat in Felsspalten. Er erkennt sie an der hellen Farbe, wie sie eben auch Hauswände haben.

Die ersten Käfer, die eintreffen, sondern einen Geruchsstoff ab, der ihre Artgenossen anlockt.

Dann verkriechen sich die Tiere gemeinsam in Spalten und Ritzen.

Massenwanderungen

Es kommt zwar selten vor, doch wenn es passiert, ist es ein beeindruckendes Erlebnis: Massenwanderung von Marienkäfern.

Eine Massenwanderung wurde im Juli 1989 an der Ostseeküste beobachtet: Bei Sonnenschein und schwachem Wind vom Meer Richtung Land wurden Siebenpunkt-Marienkäfer über das Meer herangetragen.

Es waren Millionen von noch unausgefärbten frisch geschlüpften Tieren. Würdest du so eine Massenwanderung gern einmal erleben?

Nach dem Schlupf brauchen die Jungkäfer viel Nahrung. Deshalb hatten die Marienkäfer so großen Hunger und verspeisten alles, was ihnen vor die Mundwerkzeuge kam: Sogar tote Artgenossen wurden verzehrt und vor Hunger zwickten sie die Menschen auch in die Haut, wenn sie auf ihnen landeten.

Weißt du, wie eine Spinne frisst? Mit ihrem giftigen Biss macht sie das Körperinnere der Beute flüssig und trinkt es aus. Die Hülle bleibt übrig.

Feinde der Marienkäfer

Marienkäfer werden von Spinnen, Wanzen, Fröschen, Spitzmäusen, Eidechsen, Libellen und anderen Tieren gejagt.
Ebenso können Marienkäfer Parasiten bekommen. Das sind Tiere, die an oder in den Käfern leben und diese schwächen oder sogar töten.
Auch die Marienkäfer selbst und ihre Larven fressen Larven und Eier anderer Marienkäfer.
Doch in einer gesunden Lebensgemeinschaft in der Natur kommt niemand zu kurz und alles hat seinen Platz und Sinn.

Schutz gegen Feinde

Wird ein Marienkäfer derb berührt, stellt er sich tot:
Er presst die Beine und Fühler in Vertiefungen an der Körperunterseite. Dadurch verliert der Feind das Interesse an dem scheinbar leblosen Käfer.
Außerdem scheidet er aus den Beingelenken einen gelblichen, stark riechenden, bitteren Saft aus. Auf den ➜ Seiten 16–17 wird am Beispiel der Vögel erklärt, wie diese Abschreckung von Feinden funktioniert.
Es gibt aber einige Gefahren, vor denen der giftige Saft nicht schützen kann.

Was machen Ameisen mit Siebenpunkt-Marienkäfern?

Bestimmte Ameisenarten pflegen und betreuen Blattlauskolonien wie Weidetiere. Sie machen das, weil sie den zuckerhaltigen Saft, den die Blattläuse aus den Pflanzen saugen, für sich selbst haben wollen. Dazu „betrippeln" sie mit ihren Vorderbeinen den Hinterleib der Läuse, die dann den zuckerhaltigen Saft – den Honigtau – ausscheiden.
Wenn nun Marienkäfer oder ihre hungrigen Larven so eine „Weidetierherde" finden, verhalten sich die Ameisen wie Hirten: Sie verjagen diese Angreifer.

Es ist ein richtiger Kampf: Sie greifen vor allem die Larven an, vertreiben diese, werfen sie von der Pflanze, beißen oder töten sie manchmal sogar!

Die Käfer können sich mit ihrem giftigen Saft etwas gegen die Ameisen wehren – oder sie pressen sich fest an die Pflanzenoberfläche, damit sie nicht hinuntergestoßen werden können.

Alarm in der Kolonie
Blattläuse leben in großen Kolonien.
Beginnt ein Fressfeind, zum Beispiel ein Marienkäfer oder dessen Larven, viele Blattläuse zu verspeisen, gibt es Alarm in der Kolonie:
Durch einen bestimmten Signalstoff erhalten die frisch geborenen jungen Blattlauslarven den Befehl, als Erwachsene Flügel zu entwickeln. Damit können sie wegfliegen und der Gefahr entkommen.
Sonst haben Blattläuse nur Flügel, wenn sie zu einem anderen Ort kommen müssen (➜ Seite 41).

Nahrungssuche

Fleischfressende Marienkäfer müssen ausreichend Beutetiere finden.
Die Wahrscheinlichkeit, auf eine Blattlauskolonie zu treffen, ist in dichten Pflanzenbeständen am höchsten. Das ist also das beste Jagdgebiet.
Die Suche geht unterschiedlich vor sich – je nach Art:

- Entweder tasten sie mit Teilen der Mundwerkzeuge und suchen bei Erfolg die nähere Umgebung ab.
- Oder sie suchen mit den Augen, das machen vor allem größere Käfer.

Die Larven im Stadium 2 und 3 (➜ Seite 33) sind sehr beweglich und laufen vom Boden weg dem Licht entgegen. Sie erreichen so am ehesten gute Beuteregionen an den Pflanzenstängelspitzen.
Die Larven im Stadium 4 – dem letzten Stadium – ziehen sich vor Licht zurück: Sie wollen sich in Ruhe verpuppen.
Für frisch geschlüpfte Larven – sie sind im Stadium 1 – ist es am schwierigsten, Beute zu finden. Sie fressen deshalb manchmal Eier desselben Geleges, ihre Geschwister sozusagen. Das ist eine biologische Reserve, wenn zu wenig Beute vorhanden ist.

Wie können Käfer riechen und schmecken?

Bisher hat man angenommen, dass Käfer mit ihren Fühlern riechen und mit den Mundwerkzeugen schmecken können. Neueste Forschungen haben gezeigt, dass auch die Mundwerkzeuge Gerüche und die Fühler Geschmack wahrnehmen können.

Außerdem: Neben dem Gehirn gibt es einen zweiten Ort zur Verarbeitung von Informationen aus Düften: in der Unterlippe. Dort kommen die mit den Mundwerkzeugen aufgenommenen chemischen Reize an.

Der Käfer, an dem das alles entdeckt wurde, heißt Reismehlkäfer. Wie du dir denken kannst, ist er bei den Menschen nicht beliebt, da er dessen Vorräte vertilgt. Ein ganzes Forscherteam hat sich lange mit ihm beschäftigt. Ob die Erkenntnisse auch für Marienkäfer gelten, hat noch niemand untersucht.

Der Reismehlkäfer ist der erste Käfer, dessen Erbgut komplett bestimmt wurde.

Experiment:
Schmecken oder riechen?
Schneide Apfel, Karotte und Kohlrabi in Stücke gleicher Größe. Lass dir anschließend die Augen verbinden, halt dir selbst die Nase zu und lass dich mit den Stücken füttern. Kannst du alles richtig erkennen?
Lass die Nase wieder los und probiere noch einmal.
Erklärung: Geschmackswahrnehmung beim Menschen geht nicht nur über die Sinneszellen der Zunge. Andere Sinne tragen ebenfalls dazu bei. Riechen und Schmecken hängen auch bei uns stark zusammen.

Der Siebenpunkt-Marienkäfer und der Mensch

Marienkäfersuche in der Menschenwelt
Marienkäfer findet man auf Glückwunschkarten, als Schmuck, Schokoladenfigur und vieles mehr. Zähl doch einmal, wie viele Marienkäfer du beispielsweise im Schreibwarengeschäft oder im Spielzeugladen findest. Vielleicht machst du dir mit Freunden einen Spaß daraus – und als Belohnung esst ihr Schokomarienkäfer.
Viel Glück bei eurer Suche!

Glückskäfer seit langer Zeit

Bei Ausgrabungen, um die Lebensweise der Urmenschen zu ergründen, fanden die Forscher und Forscherinnen einen kleinen Anhänger in Form eines Marienkäfers aus Mammutelfenbein. Das Alter des Anhängers wurde auf ungefähr 20 000 Jahre geschätzt.

Unvorstellbar! Da herrschte noch die Eiszeit. Tiere wie Mammuts, Säbelzahntiger, Höhlenbären und Wollnashörner bevölkerten Europa.

Der Siebenpunkt-Marienkäfer muss also schon zu dieser Zeit eine Rolle gespielt haben.

Vielleicht hat ihn sein auffälliges Aussehen und sein häufiges Auftreten in Menschennähe schon damals bekannt und beliebt gemacht.

Er soll auch ein geheiligtes Tier der nordischen Liebesgöttin Freya gewesen sein – passend in Rot gefärbt, der Farbe der Liebe.

Später, im christlichen Glauben, wurde der Siebenpunkt-Marienkäfer in die Verehrung der Mutter Maria einbezogen. Sogar sein Name erzählt davon. Seine Punkteanzahl Sieben wird als heilige und glücksbringende Zahl in unseren Breiten betrachtet.

Ein nützliches Tier

Der berühmte schwedische Naturforscher Carl von Linné hat schon vor über 250 Jahren auf diese Möglichkeit hingewiesen: Marienkäfer können für die biologische Schädlingsbekämpfung verwendet werden.

Bald war man so weit, bestimmte Marienkäferarten gezielt zu züchten und sie in Pflanzungen und Gewächshäusern gegen Blattläuse und andere pflanzensaftsaugende Tiere einzusetzen. Erste große Erfolge erzielte man gegen Australische Wollschildläuse an Zitronen- und Orangenpflanzen in Kalifornien.

Man hat dabei eine ebenfalls aus Australien stammende Marienkäferart verwendet, die diese Wollschildlaus gerne vertilgt.

Bis heute sind es mindestens 40 Länder, in die dieser Käfer zu diesem Zweck gebracht wurde. Auch andere Arten – wie unser Siebenpunkt-Marienkäfer – wurden in die Fremde gebracht, um dort Pflanzenschädlinge einzudämmen ➜ Seite 27.

Doch ohne Wirkung auf die Natur bleibt das nicht! Auf ➜ Seite 55 steht, was passieren kann, wenn Tierarten neu eingeführt werden.

Australische Wollschildläuse bei der Arbeit: Sie saugen gerade an einem Orangenbäumnchen.

Weitere für den Menschen nützliche Insekten

Honigbiene
Honigbienen werden von Imkern gehalten und betreut. Dabei nutzt man nicht nur den Honig, sondern auch ihre Leistung als Bestäuber von Obst- und Gemüsepflanzen.
Bei der Bestäubung tragen die Bienen den männlichen Pollen der Blüten zu den weiblichen Fruchtknoten. Dies geschieht beim Pollensammeln nebenbei. Ohne Bestäubung können die Pflanzen keine Früchte tragen.

Erdhummel
Die Dunkle Erdhummel wird zur Bestäubung von Pflanzen in Gewächshäusern eingesetzt, zum Beispiel bei Tomaten.
Vorher mussten Menschen Tomaten mit elektrischen Geräten bestäuben. Das war sehr teuer und nicht so erfolgreich. Das heißt: Es entstehen viel mehr Früchte, wenn Hummeln am Werk waren.

Seidenraupe
Schon vor 5000 Jahren züchtete man in China Seidenspinner, um Seide zu gewinnen.
Die Raupen dieses Schmetterlings, Seidenraupen genannt, verpuppen sich in einem Kokon. Dieser besteht aus einem einzigen Faden. Der bis zu 900 m lange Faden wird abgewickelt und weiterverarbeitet.

Gebietsfremde Arten

Die Menschen haben seit jeher fremde Tier- und auch Pflanzenarten in ihre Heimatländer eingeführt. Und das aus den unterschiedlichsten Gründen: als Reisemitbringsel, als Nützling, als Bereicherung für den Speiseplan – und manchmal auch unabsichtlich.
Ob diese Tiere und Pflanzen später für die heimische Natur zum Problem werden, hängt von ihrer Lebensweise ab.

Wenn diese Tiere oder Pflanzen

- den gleichen Lebensraum oder
- dieselbe Nahrung beanspruchen,
- sich schneller vermehren,
- besser an Klima und Boden angepasst sind und überdies
- keine Feinde haben,

sind sie für die einheimischen Arten eine echte Bedrohung. Manchmal bringen sie auch Krankheiten mit, gegen welche sie selbst geschützt sind, nicht aber die heimischen Tiere.
Man spricht von invasiven Arten, wenn diese Punkte erfüllt sind.

Der nordamerikanische Kamberkrebs wurde vor über 100 Jahren in Deutschland zur Aufstockung der Krebsbestände ausgesetzt. Damals gab es wegen eines Befalls durch Parasiten nur wenige heimische Edelkrebse. Der Kamberkrebs brachte allerdings die Krebspest mit. Für ihn war sie ungefährlich, die heimischen Edelkrebse aber wurden ausgerottet.

Das ist dreimal der Harlekin. Findest du bei jedem das M am Kopfschild? Es ist ziemlich schwer zu erkennen!

Neu in Europa: Asiatischer Marienkäfer

Der Asiatische Marienkäfer wurde wegen seines großen Appetits auf Blattläuse vor ungefähr 40 Jahren in Europa zur Schädlingsbekämpfung in Gewächshäusern eingesetzt. 20 Jahre später war er bereits in vielen mitteleuropäischen Ländern im Freiland zu finden.

Steckbrief

Name:
Asiatischer Marienkäfer, auch Vielfarbiger Marienkäfer oder Harlekin-Marienkäfer

Aussehen: vielgestaltig,

- am häufigsten orange bis dunkelrote Grundfarbe mit 0–19 schwarzen Punkten
- auch schwarze Form mit 2–4 roten Punkten
- Fühler und Beine braun
- M-förmige Zeichnung auf dem Kopfschild

Größe: 6–9 mm, damit etwas größer als der Siebenpunkt

Nahrung: Blattläuse in großen Mengen, 250 Stück pro Tag; der Siebenpunkt frisst 100 Stück pro Tag

Nachwuchs: mindestens zweimal pro Jahr; einheimische Arten nur einmal

Krankheiten:

- sehr unempfindlich
- trägt winzige Parasiten in sich

Fluch für heimische Marienkäfer?

Der Asiatische Marienkäfer besitzt alle Merkmale einer invasiven Art (→ Seite 55):

- gleiche Nahrung wie andere Arten
- direkter Feind von Eiern und Larven
- mehr Nachwuchs
- seine Eier und Larven tragen Parasiten, gegen die er selbst unempfindlich ist, die aber für heimische Arten tödlich sind

Segen für die Menschen?

Asiatische Marienkäfer besitzen eine eigene Superwaffe gegen Krankheiten: das Harmonin. Das ist ein sehr gutes Mittel gegen Bakterien. So einen Stoff nennt man Antibiotikum. Harmonin ist im Experiment gegen Tuberkulose und Malaria, zwei gefährlichen Krankheiten der Menschen, wirkungsvoll einsetzbar. Der Harlekin besitzt noch 50 weitere Stoffe, die er gegen Bakterienbefall einsetzt. Vielleicht lässt sich daraus einmal ein Medikament für Menschen entwickeln, das noch besser hilft.

Das Vorkommen des Zweipunkt-Marienkäfers geht zurück: Grund ist wahrscheinlich der stärkere Harlekin, der eine sehr ähnliche Lebensweise hat und außerdem eine für den Zweipunkt gefährliche Krankheit mitbringt.

Dieser Traktor sprüht gerade Gift gegen unerwünschte Pflanzen, die Insektennahrung sind. Das Gift bleibt lange im Boden und schadet auch den Lebewesen dort. Da es zwischen den Lebewesen ein Netz gibt, das sie verbindet, wird auch anderen geschadet. Ein Spiel dazu findest du auf *➜ Seite 66.*

Marienkäfer in Not?

Hast du schon einmal etwas über das Insektensterben gehört? Es gibt heute weniger Insekten als früher – weniger Tiere und auch weniger Arten. Wann hast du deinen letzten Marienkäfer gesehen? Autofahrer berichten, dass sie – anders als früher – kaum mehr Insekten auf der Windschutzscheibe haben.

Warum ist das so?

Die Lebensräume der Tiere werden zerstört oder verändert: Die Menschen bauen Häuser und Straßen auf Flächen, die vorher Wald oder Wiese waren.

Die Landwirtschaft betreibt die Felder mit großen Maschinen und entfernt deshalb Hecken oder Bauminseln. Insekten fehlt damit wichtiger Lebensraum!

Zum Verlust des Lebensraums kommt aber auch noch die Gefahr durch Gift: Unerwünschte Pflanzen werden auf den Feldern vergiftet. Den Insekten wird damit notwendige Nahrung entzogen.

Auch gegen Schadinsekten setzt man Gift ein. Doch dieses Gift schadet auch den nützlichen Insekten! Und manchmal landet es durch den Wind am falschen Ort und tötet weitere Insekten.

Kann ich selbst etwas tun?

Natürlich – du bist gefragt! Alle können etwas tun.

Einkaufsverhalten

Um Landwirtschaft zu fördern, die mehr Lebensraum für Tiere bietet und weniger oder kein Gift verwendet, kann man möglichst Bioprodukte kaufen.
Zum Beispiel ist Fleisch aus biologischem Landbau durch die Weidehaltung gut für die Lebensraumvielfalt.
Der Klimawandel beeinflusst die Insekten ebenfalls. Wenn man Energie und Rohstoffe spart, ist das hilfreich.
Auch dabei ist der bewusste Einkauf wichtig:

- Lebensmittel aus der eigenen Gegend, um weite Transportwege zu vermeiden und somit Benzin zu sparen;
- der Jahreszeit entsprechende Obst- und Gemüsesorten, um Energie für Treibhäuser zu sparen und weite Transportwege zu vermeiden.

Umweltwissen

Du kannst Veränderungen oder Schäden in deiner Umwelt nur bemerken, wenn du sie genau kennst und aktiv beobachtest (➜ Seite 63).

Dafür brauchen wir Insekten:
Jede Insektenart hat im Netz der Natur eine Funktion. Für uns Menschen sind die Arten wichtig, die Blüten bestäuben (➜ Seite 54). Ohne diese Bestäuber würde ein Drittel der Nahrung, die wir essen, fehlen.
Im Garten sorgen für Menschen nützliche Insekten wie die Marienkäfer dafür, dass es nicht zu viele schädliche Insekten gibt.
Andere Insektenarten sind im Stoffkreislauf wichtig: Sie zersetzen tote Tiere und Pflanzen und machen wieder Erde daraus.

Heimische Pflanzen
Bei der Bepflanzung von Gärten, Parks, Schulhöfen und Kindergärten findet man oft ausländische Pflanzenarten. Das mag in einem Beet schön aussehen. Für heimische Tiere jedoch sind diese nicht oder schwer nutzbar. Grund ist: Die Entwicklung und Anpassung der Tier- und Pflanzenarten in einer Gegend passiert gemeinsam und ist perfekt aufeinander abgestimmt.
Wenn man also einen guten Lebensraum für heimische Tiere schaffen möchte, muss man unbedingt heimische Pflanzenarten setzen.

Deine Umgebung – marienkäferfreundlich

Du kennst jetzt den Lebensraum des Siebenpunkt-Marienkäfers. Er könnte in deinem Garten oder im Schul- oder Kindergarten einen geeigneten Platz finden. Achte dabei auf folgende Dinge:

- Wenn dort Pflanzengifte oder Mittel gegen Schadinsekten eingesetzt werden: Sprich mit der verantwortlichen Person. Erkläre, warum Gift auch für nützliche Insekten gefährlich ist.
- Weise darauf hin, dass Mähroboter für Insekten eine tödliche Gefahr sind.
- Schlage vor, dass unter den Büschen und Bäumen im Herbst das Laub liegen bleibt, damit die Käfer sich einen guten Platz zum Überwintern suchen können.
- Wird neu gepflanzt, rege an, dass es einheimische Pflanzenarten sind. Achtung – man muss hierbei genau schauen: Im Handel verkauft man auch ausländische Arten unter heimischen Namen.
- Lege eine Wildblumenwiese an. Marienkäfer sitzen auch gern auf Blüten, manchmal fressen sie sogar deren Pollen.

- Frag nach, ob du eine wilde Ecke einrichten darfst! Dort würde sich die Brennnessel einstellen und viele Tiere, auch Marienkäfer, könnten gute Verstecke finden. Anleitungen zur Wildblumenwiese und zur Wilden Ecke findest du auf → Seite 63.
- Schau, ob es folgende Pflanzen gibt: Brennnessel, Beifuß, Rainfarn und Große Klette. Keine Sorge, ihre Blattläuse gehen nicht auf andere Kulturpflanzen über und sie werden vom Siebenpunkt als wichtige Nahrung gebraucht.

An der Brennnessel fressen auch viele Raupen von Schmetterlingen.

Rainfarn hat schöne gelbe Blüten. Viele Insekten sind dort zu beobachten.

Beifuß ist das klassische Gewürz für die Weihnachtsgans.

Mit den Früchten der Großen Klette kann man allerhand Unfug treiben.

Dieser Garten ist kein guter Lebensraum.

Hier haben alle einen Lebensraum: die Insekten auf den Blüten und die Kinder zum Spielen.

Vielfältige Wiese – armer Rasen

Insekten verlieren viele ihrer Lebensräume (→ Seite 58). Doch kann man in der eigenen Umgebung auch neue schaffen. In einem Garten muss nicht die gesamte Grünfläche mit Rasen bedeckt sein. Wenn die Ränder und Ecken einfach wachsen dürfen, finden nicht nur Marienkäfer gute Plätze zum Leben. In einer Wiese können Pflanzen blühen und somit Nahrung für viele verschiedene Insekten wie Schmetterlinge, Bienen und eben auch blütenbesuchende Käfer bieten. Die Tiere können sich auch gut verstecken.

Projektideen und Spiele

Projekt: Wilde Ecke anlegen

Du brauchst du nicht viel Platz, es kann einfach die äußerste Gartenecke sein. Wenn du keinen eigenen Garten hast, darfst du sie vielleicht im Schul- oder Kindergarten als Projekt anlegen.
Nun kannst du einen Steinhaufen mit stabilen Zwischenräumen bauen. Darin können sich allerhand Tiere verkriechen. Eine Möglichkeit ist auch, totes Holz aufzustapeln. Pflanzen kommen von allein. Wenn es schnell gehen soll, grabe eine Brennnesselwurzel ein. Wichtig ist dann, dass man alles in Ruhe lässt.

Projekt: Kräuterwiese anlegen

Es reicht schon eine Fläche von 1 x 1 m, größer ist natürlich besser. Auch ein Blumenkasten auf dem Balkon ist geeignet. Die Erde sollte nicht zu nährstoffreich sein, ganz normale Gartenerde, vermischt mit Sand, ist perfekt.
Die Samenmischung sollte aus einheimischen Pflanzenarten zusammengesetzt sein. Achte dabei auf die genaue Herkunft. Am Ende des Buches findest du Quellen für gute Samenmischungen. Einsäen, festdrücken, vorsichtig gießen, gutes Gedeihen und viel Spaß!

Mit vielen Blüten lockst du herrliche Insekten an.
Und bei der wilden Ecke hast du einen doppelten Gewinn: Dort musst du endlich einmal nicht aufräumen und sie ist eine richtig gute Idee für Tiere!

Projekt: Marienkäferaufzucht

Begib dich selbst auf die Suche: An Brennnessel, Klette, Rainfarn und Beifuß sollten im April die Eier des Siebenpunkt-Marienkäfers zu finden sein. Das Blatt mit den Eiern lege vorsichtig in eine Schmetterlingszuchtbox und halte die Umgebung mit einer Wassersprühflasche etwas feucht.
Wenn die Larven schlüpfen, brauchen sie Blattläuse. Du findest sie an den gleichen Pflanzen. Wie du weißt, häuten sich die Marienkäfer-Larven dreimal und verpuppen sich nach 14 Tagen. Achtung, die Puppen sind fest mit dem Untergrund, auf dem sie liegen, verbunden. Bitte nicht ablösen! Nun brauchen sie keine Nahrung mehr und nach zwei Wochen schlüpfen die Käfer.
Du kannst deren Ausfärbung beobachten und sie in der Zeit natürlich mit Blattläusen versorgen. Dort, wo du die Eier geholt hast, ist der richtige Ort, um sie dann von deiner Fingerspitze in die Freiheit zu entlassen.
Insgesamt musst du für das Projekt etwa sechs Wochen einplanen, in denen du Zeit zum Futtersammeln und Beobachten hast und nicht verreist. Pass bitte gut auf die Käfer auf und hol dir Hilfe, wenn etwas zu schwierig für dich ist!

So kann eine Zuchtbox aussehen.

Vergiss nicht, dir etwas zu wünschen.

Projekt „Forscherauftrag“: Was ist los in Garten, Park und Wald?

„Man schätzt und schützt nur, was man kennt!“ Dieser Spruch erklärt, warum es so wichtig ist, unsere Natur zu kennen. Leg dir am besten ein kleines Notizbuch an, in dem du deine Beobachtungen aufschreiben kannst. Lass dir von deiner Neugier sagen, wohin du gehen sollst. Benutze alle Sinne: Augen zum genauen Schauen, Ohren zum Hinhören, Nase zum Düfte Wahrnehmen, Fingerspitzen zum Fühlen.

Schreibe auf, was du erkennst: Welche Farbe hat die Blume? Wie viele Beine hat das Tier da am Boden? Woher kommt der tolle Duft? Wo sitzt der Vogel, der so laut zwitschert? Wie fühlt sich ein Regenwurm an? Es sind viele Fragen am Anfang – ganz wie bei den echten Forscherinnen und Forschern.

Danach wähle aus, was dich genauer interessiert, und versuche, dir dazu Fragen zu stellen. Antworten darauf zu finden ist gar nicht leicht. Hilfsmittel kann eine Becherlupe zum genauen Beobachten sein. Behandle die Wesen mit Respekt. Es gibt Naturbücher zum Bestimmen der Art, hol dir Hilfe.

Wer saugt denn da?

So könnte deine Forscherausrüstung aussehen.

Projekt: Netz des Lebens

Bei diesem Projekt kannst du ausprobieren, wie Tiere, Pflanzen und der Mensch miteinander verbunden sind. Du brauchst drei Stühle, ein Wollknäuel, Klammern, Papier, Schere und einen Stift.
Zuerst schneidest du neun ungefähr gleichgroße Zettel aus, die du mit folgenden Namen beschriftest: Marienkäfer, Blattlaus, Brennnessel, Kleiner Fuchs (Schmetterling), Raupe des Kleinen Fuchses, Apfelbaum, Kohlmeise, Mensch und Biene.
Die Stühle stellst du in ein Dreieck. Nun verknüpfst du zwei Stuhlbeine mit einem Wollfaden und klammerst an den einen den Zettel mit dem Marienkäfer und an den anderen, was dieser frisst: die Blattlaus. Mit wem ist die Blattlaus verbunden? So knüpfst du zwischen allen, die einander fressen oder brauchen, ein Band. Zu manchen laufen mehrere Bänder. Die Raupen des Kleinen Fuchses fressen übrigens Brennnesselblätter. Wenn alles verknüpft ist, sind die Beziehungen zwischen allen Beteiligten sichtbar.

Du kannst nun schauen, was passiert, wenn z. B. die Brennnessel entfernt wird: schneide alle Fäden, die bei ihr ankommen, ab. Wen betrifft es? Dessen Faden wird auch durchtrennt, wenn er keine anderen Verbindungen hat.

Du siehst, dass indirekt auch andere betroffen sind. Diskutiere mit Freunden oder Erwachsenen darüber: Was könnte noch passieren? Legt andere Mitspieler fest und probiert die Wirkung aus. Wir wünschen euch viele gute Ideen!

Wer hätte gedacht, dass die Brennnessel von so vielen Tieren gebraucht wird?

Projekt: Überwinterungskasten bauen

Wenn du den Marienkäfern in deiner Umgebung gerne eine Hilfe zum Überwintern geben möchtest, kannst du diesen Kasten bauen.
Die Käfer mögen es warm und feucht. Das Dach muss deshalb nicht absolut wasserdicht sein. Eine Bodenplatte gibt es auch nicht, damit das Klima im Häuschen stimmt.

Standort des Kastens
- im Garten: an der östlichen Hauswand, direkt auf der Erde am Boden
- auf dem Balkon: etwas erhöht (damit ihn die Käfer entdecken), zum Beispiel auf der Erde eines Pflanzkübels
- im Schulgarten: versteckt unter einer Hecke (bitte um Erlaubnis fragen!)

Material
- 4 Holzbrettchen (Fichte, Kiefer)
  - ca. 2 cm dick
  - Maße vorn: 20 x 10 cm
  - Maße hinten: 20 x 15 cm
  - Maße Seiten (zweimal): 10 x15 cm
- Rest einer Schilfmatte oder ein Stück Rinde (ca. 20 x 22 cm groß)
- 15–20 Holznägel, ca. 4 cm lang
- Laub oder Moos

Nun kannst du vorsichtig beobachten, was passiert. Viel Spaß!

Werkzeug
- Hammer
- Akkubohrmaschine (bitte nur mit der Hilfe von Erwachsenen verwenden, Verletzungsgefahr!)
- Holzbohrer mit 7 und 9 mm Stärke

Anleitung
- in jedes Brettchen einige Löcher bohren, verschiedene Durchmesser benutzen
- Brettchen zusammennageln, Dach daraufnageln
- Innenraum mit Laub und Moos füllen
- ungestörten Standort suchen, aufstellen (bis spätestens Ende September)

Spiel: Male deinen Marienkäfer

Schau noch einmal auf ➜ Seite 14 nach, welche Farbkombinationen es bei Marienkäfern gibt.
Entwirf dann deinen eigenen Marienkäfer. Nutze dazu die Umrisse als Ausmalvorgabe.
Denk dir auch einen passenden Namen aus, der das Tier treffend beschreibt.
Du findest die Vorlagen zum Ausdrucken auch als Download im Internet: https://www.neuebrehm.de/downloads

Lied: „Rot lackiert mit schwarzen Punkten“

Rot lackiert mit schwarzen Punkten
Saß ein Käfer auf dem Blatt.
In dem Teich die Frösche unkten,
Was er wohl
Was er wohl
Was er wohl im Schilde hat.

Käfer sah nur seine Beute,
Fing sich eine grüne Laus.
Ha, wie sich der Käfer freute,
Fraß sie gleich
Fraß sie gleich,
Fraß sie gleich und flog nach Haus.

Und die dicken Frösche fragten
Wie der Kerl sich wohl benennt.
Und sie fragten und sie fragten
Doch kein Frosch
Doch kein Frosch
Doch kein Frosch den Namen kennt.

Auf der CD „Auf unsrer Wiese gehet was“ kannst du die Lieder „Rot lackiert mit schwarzen Punkten“ und „Käfer, du gefällst mir sehr“ anhören.

Volksnamen für Marienkäfer

Durch ihre besondere Bedeutung für die Menschen haben Marienkäfer sehr viele andere Namen außerhalb der Wissenschaft bekommen.
Hier einige Beispiele:

- Lieweherrgottstierle
- Himmelmiezchen
- Sonnenwürmchen
- Mutschekiebchen
- Fliegewürmchen
- Graupelmiezchen
- Bluthienla

Kennst du einen dieser Namen?
Frag mal deine Leute, ob sie noch andere Namen kennen. Du kannst sie hier einfach dazuschreiben:

Kannst du dem Siebenpunkt-Marienkäfer seine Punkte an die richtigen Plätze zeichnen? Du findest auf ➜ Seite 11 eine Eselsbrücke dazu.

Lösungen

Seite 17: Unsichtbar durch Tarnung

1 – Krabbenspinne, getarnter Jäger auf Blüten
2 – Frosch, getarnt zum Schutz vor Feinden
3 – Heuschrecke, getarnt zum Schutz vor Feinden
4 – Eule, getarnter Jäger in der Nacht

Seite 19: Welche Tiere sind Käfer?

1 – Siebenpunkt-Marienkäfer
2 – Heuschrecke
3 – Ameise
4 – Bockkäfer
5 – Biene
6 – Fliege
7 – Maikäfer
8 – Schmetterling
9 – Hirschkäfer
10 – Libelle
11 – Feuerwanze
12 – Mücke

Seite 43: Beutetiere der Marienkäfer

1 – Mottenschildlaus
2 – Spinnmilbe
3 – Blattfloh
4 – Schildlaus

Impressum, Literatur, Bildnachweise

Impressum

ISBN: 978-3-89432-278-6
Grafiken: Daniela Veit, Dresden
Satz und Layout: ISM Satz- und Reprostudio GmbH, München
Druck und Bindung: Publikum d.o.o., Belgrad, Serbien

Über die Autorin

Ursula Rauch arbeitet als selbstständige Naturführerin in der Umweltbildung für Groß und Klein. Mit Spaß und Begeisterung zeigt sie die Reichtümer der Tier- und Pflanzenwelt bei Exkursionen, Workshops, Schulveranstaltungen und im Rahmen von Projekten.
Besonders liegen ihr die Vögel am Herzen, die sie – seit ihrer Kindheit – als Haustier, als Interessengebiet und bei der Arbeit als Tierpflegerin begleiten.
Käfer und andere Insekten lernte sie bereits als kleines Kind von ihren Eltern kennen und wertschätzen.
In diesem Buch sollen die Leserinnen und Leser die Zusammenhänge kennenlernen, damit sie die Natur besser verstehen können. Auch die Faszination über deren Wunder soll ankommen.
Manche Fakten über die Gefährdung sind allgemein nicht unbedingt beliebt, doch die Natur braucht unsere Hilfe. Packen wir es an!

Literatur

Bsss: Die ganze Welt der Insekten. Dorling Kindersley Verlag GmbH, München, 2008.

Klausnitzer, B., Klausnitzer, H. & E. Wachmann: Marienkäfer. In Vorb. 1. Aufl. Die Neue Brehm-Bücherei Bd. 684, VerlagsKG Wolf, Magdeburg.

Klausnitzer, B. (2006): Der Siebenpunkt Das Insekt des Jahres 2006 in Deutschland und Österreich. Entomologische Nachrichten und Berichte 50, 1/2: 5–27.
Klausnitzer, B. (2017): Rückgang von *Adalia bipunctata*. ENB 61 (2): 158–162.

Quellen für heimische Sträucher in Deutschland:

http://www.natur-im-vww.de/bezugsquellen/gehoelze/

Quellen für regionales Saatgut in Deutschland:

http://www.saaten-zeller.de/regiosaatgut
http://www.natur-im-vww.de/bezugsquellen/graeser-und-kraeuter/

Quellen für Wildblumensaatgut in Österreich:

http://www.wildblumensaatgut.at/
https://www.reinsaat.at/shop/wildblumensaatgut/

Quelle für Wildblumensaatgut in der Schweiz:

https://www.arthasamen.ch/
http://www.golddistel.de/

Interessante Wissensseite:

https://www.kerbtier.de/
www.naturfasziniert.de

Bildnachweise

AdobeStock © www.stock.adobe.com: Andrey S. 23/1; Altmann, Ingrid: S. 4; 12/1; 15/6; 25/1; 36; 43/1, 3; Greb, Peggy, Wikimedia Commons: S. 51; Hausotte, Maike: S. 14/1; Holopainen, J., Wikimedia Commons: S. 43/2
Bellmann, Heiko/Hecker, Frank: S. 35/1,2; 46
Hendrich, Lars, Zoologische Staatssammlung München: S. 23/2
Rauch, Ursula: S. 5/2; 28; 39; 52; 57; 62/2; 64; 65/2; 66/1; 67
iStockphoto © www.istockphoto.com: Anest S. 19/9; Antrey S. 19/3; Davies, Helen S. 19/10; defun S. 23/3; frank600 S. 19/12; Gruenwald-Maerkl, Anneliese S. 19/5; Kate-Nikol; S. 19/7; modi-sketch S. 19/8; nechaevkon S. 19/6; pavel_klimenko S. 19/11; User2547783c_812 S. 45/1
Marek, Robby: S. 62/1; 71
Pixabay: S. 3; 5/1; 7; 16; 17; 19/1, 2; 19/4; 22; 33; 37; 38; 40; 41; 47; 48; 49; 54; 55; 58; 61; 63; 65/1
Rothacher, Heinz: S. 21
Shutterstock © www.shutterstock.com: Cherdchai Chaivimol S. 43/4
Steiner, Klaus, biologger.vinckensteiner.com: S. 53
Wachmann, Ekkehard: Coverfoto; S. 6; 8; 12/2; 14/2–4; 15/1–5; 24; 25/2, 3; 32; 34; 44; 45/2; 56